TXANPONAREN UHARTEKO ALTXORRA

EGIOZU AURRE HEZKUNTZA FINANTZARIOARI ETA SAIATU ZAITEZ ZORIONTSU IZATEN DIRUA EZ DADILA ARAZO BIHURTU.

Gorka R. Salazar

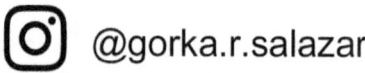 @gorka.r.salazar

Nire seme Urkori eskainia. Hark bultzatu nau finantza-hezkuntzari buruzko ezagutzak partekatzen saiatzera, eta ulergarri eta atsegin egiten saiatzera. Eta nire alaba Iratiri, hari eskainia baitago ipuin hau.

Copyright © 2024 Gorka R. Salazar. Eskubide guztiak erreserbatuta. Liburu honen zati bat (k) ezin da (dira) inolaz ere erreproduzitu, banatu, transmititu, edota datu-base batean gorde, egileak aldez aurretik idatzizko baimena eman ezean. indargrafic@yahoo.com

AURKIBIDEA

- 1. Kapituloa.
Izkutatutako mapa..................7

- 2. Kapituloa.
Aurrezkien hondartza..................13

- 3. Kapituloa.
Inflazioaren munstroa..................25

- 4. Kapituloa.
Erabakien basoa..................33

- 5. Kapituloa.
Gastuaren leizea..................47

- 6. Kapituloa.
Zorraren zubia..................55

- 7. Kapituloa.
Aurkikuntza handia..................63

1. IZKUTATUTAKO MAPA

Udako goiz eder batean, 10 urteko Haitz eta bere 14 urteko ahizpa, Amaia, aitona Josuren etxean jolasten ari ziren. Gurasoak lanean ari ziren hirian, eta umeak oporrak igarotzen. Oso ondo pasatzen zuten aitonaren herrian. Goiz hartan, lagunekin kalera joan baino lehen, liburutegian ari ziren denbora-pasa, aitonak apaletan zituen liburuei begira. Liburu batzuk ikusi ondoren, urrunetik zetorren txin-txin metaliko baten antzeko soinua entzuten hasi ziren.

— Haitz, entzuten al duzu txin-txin hotsa?
— Bai, zer izan daiteke?
— Ez dakit. - Amaia leihora hurbildu zen.

Amaiak leihoa ireki eta, bertatik begira zegoela, anaiari esan zion:

— Bada, kalean ez da ezer entzuten.

Eta leihoa itxi ondoren, anaiarengana hurbildu eta txin-txin hotsa gero eta handiagoa zela sentitu zuen Amaiak. Bazirudien nonbaitetik, liburu-apaletik edo, txanponak erortzen ari zirela.

— Haitz, soinua apalategitik datorrela uste dut.
— Bai, niri ere hala iruditzen zait.

Bi umeak liburuak mugitzen hasi ziren, eta txanpon hotsa argiago entzun zuten. Halako batean, zarata leuntzen hasi zen, eta konturatu ziren liburu batetik bestera pasatu zela. Aurreko liburuak ateratzen hasi ziren eta soinua areagotzen hasi zen. Bat-batean paper bat erori zen liburu baten barrutik, eta ditxosozko zarata bat-batean gelditu zen.

Haurrak jakin-minez hurbildu ziren papera begiratzera, eta, ukitu bezain laster, danbor kolpe handi batek izutu zituen. Soinuak paper horretara erakarri zituen. Jakin-minak beldurra gainditu zuen, eta poliki-poliki papera zabaldu zuten, tolestuta baitzegoen. Paper lodia zen eta oso zaharra zirudien, denborak, antza, horitu baitzuen.

— Zer izan daiteke, Amaia?
— Ez dakit, baina jakin nahi dut. - esan zuen Amaiak zabaldu bitartean.
— Mapa bat dirudi, baina zerena?
— Ez dakit, Haitz. Begira! Hemen goian letra batzuk daude, baina ez dira ondo ikusten.
— Zer jartzen du, zer jartzen du?
— Itxaron, Haitz, utzi ikusten. Txanponaren uharteko altxorra.

Elkarri begiratu zioten, begiak zabal-zabalik, eta biek batera oihu egin zuten gogo biziz. Altxorraren mapa da! Haitzi, gazteagoa izanik, galderak arrapaladan etortzen zitzaizkion ahora. Arrebak, bitartean, arretaz begiratzen zion mapari. Goiko eskuineko aldean zegoen marrazki bati erreparatu zion gero. Hautsa zuen paperak eta, kendu zuenean, txanpon bat ikusi zuen. Une horretan bertan, txanponaren ikurra ukitu bezain laister, hatza bera ere desagertzen hasi zen. Pixkanaka-pixkanaka, eskuaren gainerakoa ere gardena zen. Haurrak garrasika ari ziren, izututa, gorputza desagertzen ari zen bitartean.

2. AURREZKIEN HONDARTZA

Haitz eta Amaia hondartza batean esnatu ziren. Zerua oskarbi eta ez zen hodei bat ere ikusten; olatuek hondarra laztantzen zuten. Zorabiatuta eta noraezean esnatu ziren umeak; non ziren ere ez zekiten. Amaia konturatu zen bere eskuineko hankaren parean botila bat zegoela, eta harrituta begiratu zion. Barruan paper bat zuela ikusi zuen. Botila poliki hartu zuen, tapoia kendu, eta anaiari esan zion.

— Haitz, begira, paper bat dago barruan.

— Baina, Amaia, non gaude?

— Ez dakit. – erantzun zion Amaiak papera ireki bitartean.

"Dirua irabazteko sekretua da irabazten duzuna baino gutxiago gastatzea"
Thomas Jefferson

— Baina zer diozu, Amaia?- galdetu zuen Haitzek.

— Ez dakit, horixe jartzen du botilan zegoen oharrean.

Une horretan bertan, ke laino bat atera zen botilatik, eta kea desagertu bezain laster, haien aurrean gizon irribarretsu bat azaldu zen, itxura atseginekoa.

— Non gaude? –galdetu zion Haitzek bitan pentsatu gabe.

— Nor zara zu? -galdetu zion ondoren Amaiak urduri.

— Egun on. Txanponaren uhartean zaudete,

eta Eneko naiz, zuen laguntzailea bertan zaudeten bitartean.
Umeek txundituta begiratu zioten elkarri, horixe jartzen baitzuen aitonaren liburuetan aurkitu zuten mapan, Txanponaren uhartea.
— Nola iritsi gara hona?- galdetu zuen Haitzek.
— Txanponaren Uhartearen mapa aurkitu duzue. Poltsikoan begiratu.
— Egia da, hemen daukat mapa. Esan zuen Amaiak.
— Ongi, orain Aurrezkien Hondartzan zaudete. Eta mapan X markatuta dagoen lekura iritsi behar duzue.
— Eta zer da Aurrezkien hondartza?
—Botila batzuen barruan ikaskuntza interesgarriak azaltzen dira, eta mezu horiek honelako tokietara eramaten zaituzte. Bat ireki duzue, eta horregatik nago zuekin. Begira, hor duzu beste botila bat.
Amaia makurtu zen, botila hartu zuen eta, tapoia ireki ondoren, mezua irakurri zuen.

"Finantza Hezkuntza dirua baino baliotsuagoa da".

Robert T. Kiyosaki

— Zer esan nahi du horrek? - galdetu zuen Haitzek, jakin-minez.

— Robert T. Kiyosakik esandako esaldia da, eta bertan esaten digu garrantzitsuagoa dela, dirua bera baino, dirua nola eta zertarako erabiltzen den ulertzea. Nahiz eta diru asko izan, harekin harremanik ez baduzu, ez duzu inoiz nahikoa izango. Eta behatzen artean joango zaizu gainera, nola gertatu den jakin gabe. Baina Finantza Hezkuntza ikasten baduzu, denbora-kontua da dirua zuregana etortzea.

— Hori da, nik aberatsa izan nahi dut. -oihu egin zuen Haitzek.

— Baina hori ez da Finantza Hezkuntza, nik ezin dizut aberatsa izaten irakatsi. Nik, dirua arazo izan ez dadin, eman beharreko urratsak erakutsi ahal dizkizut. Bestela, hondartza honetako hareak bezala, eskua altxatu eta ihes egingo dizu behatzen artean. Lortzen duzun guztia, zure ahaleginen araberakoa izango da. Zer dakizue diruari buruz?

— Ez dela zuhaitzetan hazten, etengabe esaten digute hori Aitak eta Amak – esan zuen Haitzek.

— Horixe bera. Oro har, diruaren truke ematen dugu gure denbora. Baina denbora da daukagun gauzarik baliotsuena; dirua badator eta badoa, eta gure gogoan iragandako denbora baino ez da geratzen. Diruak eros dezakeen gauzarik baliotsuena ez dira autoak, etxeak edo mugikorrak. Denbora da baliotsuena. Zure gurasoek egiten duten bezala; urte osoa ematen dute lanean, hilabete bat oporretan emateko. Edo zure aitona-amonek bizitza osoan lan egin behar izan dute, erretiroa hartu ahal izateko. Bizitzako ordu asko ematen dute erretiroaren lasaitasunaren truke.

— Baina niri musutruk ematen didate ordainsaria. - esan zuen Amaiak harrituta.

— Egia. Baina gurasoek ere ez dute dirua zuhaitzetatik jasotzen. Denbora eman dute lanean ordainsaria lortzeko. Zer nahiago duzu? Gurasoak lanera ez joatea eta etxean zurekin geratzea, edo beti oporretan egotea? Laneko dirua denbora horren truke lortzen da, eta, beraz, baloratzen ikasi beharko duzue.

— Eta nola baloratzen da diru hori?- galdetu zuen Haitzek.

— Lehendabiziko kontua da ohartzea lan-ordu horien guztien trukean datorrela dirua. Bigarrenik, ez ezazu alferrik galdu. Pentsatu zertan gastatuko duzun, eta, batez ere, aurrezten ikasi. Aurrezkiak ez luke sakrifizio bat izan behar, zure etorkizunerako lasaitasuna baizik.

— Baina zer zentzu dauka ordainsariaren zati bat aurrezteak? Datorren astean gehiago izango dut — galdetu zuen Haitzek amorratuta.

— Handiagoa zarenean, diru-iturri bat ere izango duzulako ziurrenik, baina arrazoia edozein dela ere, iturri hori lehortu egin daiteke. Eta orduan aurreztutako diru hori beharko duzu, eta gaur hasten bazara ohitura hori hartzen, denborarekin errazagoa izango zaizu, eta ez zaizu asko kostatuko.

— Eta nola egin behar da aurrezteko? - galdetu zuen Amaiak jakin-minez.

— Arau nagusia da daukazun guztia ez gastatzea. Hortik hasiko zara. Gurasoak eguneroko ordainsaria ematen hasten direnean, zaila da aurrezki-arau bat betetzea; horregatik, duzun guztia ez gastatzen hasi behar duzu. Egun batean 5 zentimo aurreztuko dituzu, beste batean 20 zentimo. Garrantzitsuena da ikastea, zoriontsu izateko, ez dagoela dena gastatu beharrik. Diru-kopuru txiki hori, jakina, ez da aurrezki handia izango, etorkizunean aurreztuko duzunarekin alderatuta. Baina, dena gastatzeak ere ez zaitu zoriontsuago egingo, eta, horretaz gaztetatik konturatzen bazara, errazago egingo zaizu zure diruaren erantzule izatea.

— Baina, niri ez didate dirurik ematen eguneko, asteko paga bat ematen didate, neronek antolatzeko. — erantzun zuen Amaiak.

— Zu, heldua zara, eta beste maila bat igo behar duzu. Seguru nago zerbait erosi nahi duzula, baina gurasoek oso garestia dela esaten dizute.

— Zapatila pare bat asko gustatzen zait, baina gurasoek esaten dute oso garestiak direla.

— Ongi. Orduan, gomendatzen dizut 10 txanponetik 2 kentzea. Hau da, zure ordainsariaren % 20. Nahikoa diru lortzen duzunean, esaiezu gurasoei zapatila horien zati bat, zure zatia ordainduko duzula. Bestela, ezin izango dituzu zapatila horiek datorren astean erosi, ezta datorren hilean ere. Baina benetan maite badituzu, ahaleginak eta itxaronaldiak merexiko dute. Garrantzitsua da itxaroten eta pazientzia izaten ikastea. Bitartean litxarreriak erosteko itsulapikoan duzuna gastatzen baduzu, hasieratik hasi beharko duzu, ordea. Zure gurasoek ere itxaron eta aurreztu egin behar izan dute, etxea edo autoa erosteko.

Bat-batean, itsasoko uretatik, zarata handi baten erdian, hortz zorrotz handiko animalia handi bat agertu zen, haiengana zihoana

Imarmarka eta aireari hortzak emanez. Haurrak, izututa, korrika hasi ziren irlaren barnealderantz. Landaretza trinkoa zen, eta ez zen erraza aurrera egitea. Hala ere, atzetik zuten munstro beldurgarriari are zailagoa egiten zitzaion. Azkenean ez zuten munstroa entzuten, eta palmondoen arteko soilgune txiki batean gelditu ziren.

3. INFLAZIOAREN MUNSTROA

— Eneko, Eneko — izututa deitu zuten haurrek batera.

— Bai, lasai, hemen nago. — esan zuen Enekok basotik ateratzen ari zela.

— Zer da munstro ikaragarri hori? — galdetu zuen Haitzek dardarka.

— Lasai, Haitz. Hori inflazioaren munstroa da.

— Zer demontre da infla...hori? - galdetu zuen Amaiak harrituta.

— Inflazioa. Haitz, agian, oraindik ez, baina zu, Amaia, antzeman duzu litxarreriek gero eta gehiago balio dutela, ezta?

— Bai, egia da, superinjustua da. Urtetik urtera garestiagoak dira.

— Eta, zer egiten dute gurasoek? Diru gehiago ematen al dizute?

— Bai, eskerrak! — hasperen egin zuen Amaiak lasaiturik.

— Eta zuk, zer egiten duzu zuk diru gehiago izateko?

— Nik ezer ez. Diru gehiago ematen didate, litxarreria berberak erosten jarraitzeko.

— Bada, hori inflazioaren munstroa da. Ondo bidean, diru gehiago irabaziko dugu, baina ezin dugu gauza bera erosi. Txarrenean, ez dugu gehiago irabazten, baina diru kopuru berak gauza gutxiago erosteko balio du. Horrelakoetan, ohikoa da jendea kexaka entzutea prezioak asko igotzen direlako, baina, egia esan, dirua da balioa galtzen duena.

Bi inflazio mota dira nagusi. Bata eskasiaren ondorioa da. Esate baterako, jende askok zerbait erosi nahi du, baina askorik ere ez dago. Beti bezala, baten bat prest dago pixka bat gehiago ordaintzeko, eta horrek prezioen gorakada dakar. Horren kontrako botikak ugaritasuna du izena. Erosteko asko dagoenean, eta jendeak dagoeneko nahi edo behar ez badu, prezioak jaitsi egingo dira.

Bigarren inflazio mota, arriskutsuena gainera, agertzen da lan beraren truke diru gehiago irabazten duzunean. Eman dezagun igerilekuan zaudela lagunekin. Guztira 10 zarete, eta 2na €uro duzue. Tabernara hurbildu zarete, izozki bana erostera. Dendariak 10 izozki ditu, eta 2na €uro eskatu dizue. Urtebete beranduago, berriro ere izozkiak erostera itzuli zarete. Orain, ordea, 3na €uro duzue. Igerilekuko tabernan 10 izozki dute orain ere, baina zuek erosteko diru gehiago duzuenez, 3 euro ordainduko duzue izozki bakoitzeko. Zuek izozki bana duzue berriro, dendariak izozki kopuru bera saldu du, 10 izozki, baina diru trukea 30 eurokoa izan da, eta aurreko urtekoa, berriz, 20koa. Zuek diru gehiago duzue poltsikoan eta izozki bera nahi duzue. Izozkiaren truke euro gehiago ordaindu beharko duzue, baina ahalegina ez da handiagoa izango. Beraz, nahiz eta zuei ordainsaria igo, ez duzue lortuko bi izozki erostea, gaurko 3€ horiekin, edo aurreko urteko 2€uroekin izozki bera erosteko ahalmena baituzue. Arazo handiena da aurreztutako dirua itsulapikoan ere balioa galtzen duela.

— Eneko, baina orduan zertarako aurreztu behar dut? Hondartzan esan duzun bezala, gaur aurreztu dezakedan diru apur horrek ez du balio bera izango hemendik gutxira. Gaur kapritxorik gabe geratuko naiz, eta aurrezki hori erabili nahi dudanean, orduan ez dit balio izango ezta pakete bat pipa erosteko ere.

— Hain zuzen ere, aurreztea da bidearen lehen urratsa, eta hortik aurrera bidaia zirraragarri bat hasiko da. Basoan bezala, mota guztietako bidezidorrak aurkituko dituzue: lasaiagoak batzuk, errusiar mendi izugarri baten itxurakoak besteak...eta horien artean aukeratu ahal izango duzue. Egokiena, jolas-parkean bezala, gozatzea da kontua, eta etxera oroitzapen polita eramatea. Saihestu beharko dugu, beraz, estu eta larri ibili behar izatea, edo ezustekoren bat izatea.

4. ERABAKIEN BASOA

— Ez dut ulertzen — esan zuen Amaiak.
— Ados! Hondartzan 10etik 2 txanpon aurrezteaz hitz egin dugu. Baina, aldi berean, esan dugu aurrezkiak balioa galtzen duela itsulapikoan dagoen bitartean. Aurrezteko ohitura hartu duzu, zure itsulapikoa gizentzen hasi da, eta, orain, lehen finantza-erabakiak hartzeko unea da. Zertan erabiliko duzu diru

hori? Zenbat diru izan behar duzu itsulapikoan, lasai egoteko? Ez dira galdera errazak, eta ez dago erantzun bakarra galdera horiek erantzuteko, oso ezberdinak baikara denok. Gainera, iritzi desberdinak izango dituzue, eta bat ere ez da zuzena edo okerra.

Aurrezpen horrek, nagusiki, bi funtzio betetzen ditu. Eta lehena da lasaitasuna ematen dizula. Adibidez, gurasoei ahaztu egin zaie asteko ordainsaria ematea. Asteburu hori beti bezala igarotzeko erabil dezakezue diru hori, ezta? Ondoren, asteko paga jasotzen duzunean, itsulapikora itzuli eta kito. Horrela, aste horretan diru-sarrerarik ez izatea ez da traba handia izango. Dirurik aurreztu ezean, ordea, denbora tarte horretan ez duzu dirurik izango lagunekin litxarreriarik erosteko. Diru hori Amaiak nahi dituen zapatilak erosteko ere erabil daiteke, baina hobe da itsulapikoa inoiz hutsik geratzen ez bada.

Lehenengo itsulapiko horri lasaitasun-koltxoia esango diogu, eta norberak erabakiko du zein den mugitu nahi duen gutxieneko eta gehieneko kopurua; izan ere, bere funtzio nagusia da lasaitasuna ematea, eta, edozerengatik ordainsaria jasotzen ez baduzu, oraingo bizitza berdin-berdin egiten jarraitu ahal izango duzu. Gure izaera dela eta, pertsona batzuek koltxoi handia eta biguna behar dute, eta beste batzuek, berriz, koltxoneta xume bat.

— Baina, Eneko, — galdetu zuen Haitzek harrituta — koltxoia handia bada ere, topera iristen garenean, zer egingo dugu? Aurrezteari utzi eta paga osoa gastatuko dugu?

— Ez, Haitz, orduan inflazioaren munstroak harrapatuko gaitu. Aurreztu duguna itsulapikoan uzten badugu, gero eta gauza gutxiago erosteko balioko du.

— Eta nola egin dezakegu hori? - galdetu zuen Amaiak jakin-minez.

— Horri inbertitzea esaten zaio. Itsulapikoa lotan uzten badugu, udako beroarekin euri-putzuak lurruntzen diren bezala, itsulapikoan dagoena ere txikitu egingo da. Beraz, lo zauden bitartean, gakoa da zure poltsikora dirua sartzen duten gauzak erostea.

— Eta, lo nagoen bitartean, zerk ekartzen du dirua nire poltsikora? - galdetu zuen Haitzek harrituta.

— Bada, egia esan, forma asko daude eta zaharrena, agian, urrea edo etxeak erostea da . Bi horiek, egia esan, ez dute zure poltsikoan dirurik jartzen, baina, denborak aurrera egin ahala, eta bereziki inflazioaren munstroa baretzen denean, erositakoaren balioa handitu egiten dute. Berriro erosi nahi izanez gero, ordea, gehiago ordaindu beharko zenuke. Artikulu horiei Ondasun Sustraiak esaten zaie, mendiaren magalari eusten dioten zuhaitz baten sustraiak bezalakoak baitira. Urrea edo etxea izaten jarraitzen duzu, baina saltzen badituzu, ordaindu zenuena baino diru gehiago lortuko duzu. Egia esan, ordaindu duzuna baino ez duzu lortuko, baina horri gehitu behar diozu inflazioaren munstroak jan nahi izan duen guztia. Kontuan izan munstroak ezin dituela Ondasun Sustraiak jan.

Inbertitzeko beste modu bat, ezagunena agian, Balore Burtsa da. Amsterdamen asmatu zen 1.602an, eta horri esker, Holandako Inperioa munduko herrialderik garrantzitsuena bihurtu zen.

— Eta zertan datza burtsa, Eneko? Gurasoei entzun diet loteriaren parekoa dela.

— Egia esan, ez du zerikusirik loteriarekin. Burtsan bi zati daude. Batean herrialdeei eta enpresei ematen zaie dirua maileguan. Eta bestean enpresen parteak eros ditzakezu.

— Nola? — galdetu zuten biek batera Enekori harriduraz begiratzen zioten bitartean.

— Herrialdeei dirua mailegatzea? Baina, herrialdeek ez al dute behar den diru guztia? - galdetu zuen Amaiak.

— Ez, herrialdeak ere balore-burtsara joaten dira dirua eskatzera, eta interesa ordaintzen dute diru horren truke; horri errenta finkoa esaten zaio.

— Eta zenbat ordaintzen dute dirua maileguan hartzeagatik? - galdetu zuen Haitzek.

— Herrialde aberats bati, adibidez, interes txikia

eskatzen diote, ziurtzat jotzen baitute mailegatutakoa bueltan itzuliko duela; izan ere, diru horrek inflazioaren munstroari gailentzeko balio du, eta jende askok mailegatu nahi duenez, interes gutxi ordainduko du herrialdeak. Kontrako aldean, berriz, herrialde txiroa dago. Arazo asko ditu, eta mailegua bueltan ez jasotzeko arrisku handia dago. Kasu horretan, jende gutxik utzi nahi izango dio dirua herrialdeari, eta, beraz, interes handiak ordaindu beharko ditu dirua lortzeko. Eta gauza bera egiten dute enpresek.

— Gainera, enpresen zati batzuk ere eros daitezkeela esan duzu. — erantsi zuen Haitzek.

— Hori da, Akzioak dute izena eta Errenta Aldakorrari dagozkio. Enpresa bat asko hazten denean, eta jabeak zati bat saldu nahi duenean, burtsara ateratzen da, eta tarta handi batekin egiten den bezala, zatitu egiten da. Jabea zati batekin geratuko da, nahiko handia gehienetan, enpresan agintzen jarraitzeko, eta gainontzeko zatitxoak saldu egingo ditu. Jabeak, horrela, dirua lortzen du, eta diru hori erabil dezake enpresan inbertitzeko edo banku-kontua gizentzeko. Zatitxoak edozeinek eros ditzake; baldintza bakarra da beste norbaitek bere zatia saldu behar duela. Horregatik, jende askok tarta horren zati bat erosi nahi badu, baina inork saldu nahi ez badu, prezioa igo egiten da; eta denek saldu baina inork ez badu erosi nahi, orduan prezioa jaitsi egiten da. Eskaintza eta Eskariaren Legea esaten diogu horri.

— Badaukat gustuko dudan zapatila fabrikaren zati bat erostea? - galdetu zuen Amaiak.

— Hain zuzen ere, horixe eros dezakezu: gustatzen zaizkizun autoen fabrika, zure janari lasterreko katerik gogokoena, etxean erabiltzen duzun telefonia-enpresa, eta, gainera, munduko edozein lekutako enpresak ere eros ditzakezu. Enpresa horiek, denboran zehar, hondatzen ez diren bitartean, hori ere beti gerta baitaiteke, beren zatiek gehiago balio izateko joera dute. Gehienek, gainera, enpresaren jabe guztien artean banatzen dute etekina, bakoitzak zati bat baitu. Ordainketa horri dibidendua esaten zaio. Errenta finkoa eta errenta aldakorra lehen aipatu dugun horren adibide dira. Alegia, zure poltsikoan dirua jartzen duten gauzak dira. Dirua gastatzen duzu erostean, baina gero biek ekartzen dizute dirua bueltan.

— Eneko, sentitzen dut, baina ez dut ezer ulertzen, oso konplikatua iruditzen zait. - esan zuen Haitzek.

— Jakina! Ez kezkatu, oraindik oso gazteak zarete eta; normala da ez ulertzea. Gainera, 18 urte bete arte ezin izango duzu zeure kabuz inbertitu. Baina posible duzu gurasoei laguntza eskatzea, lasaitasun-koltxoiaren gainetik daukazun dirua inbertitzeko; itsulapikoan siesta egiten egon beharrean, diruak zuentzat dirua egin dezan.

Orain errazagoa da, gainera. Ez duzue zertan enpresa bat erosi, aukeratutako enpresa izugarri hazi edo bat-batean hondoratu baitaiteke. Horrelako bideak hartzeko oso gustuko izan behar dituzu emozioak, aipatu dugun bezala errusiar mendiak bezalakoak direlako. Argi eta garbi izan behar duzu bide onean zoazela; enpresa horretan konfiantza handia izan behar duzu, eta zure dirua galtzeko prest egon.

Baina badugu beste bide lasaiago bat, eta hau Inbertsio Fondo bat erostea da. Akzioz betetako saskiak dira, ospetsuenak Estatu Batuetako burtsakoak dira (S & P 500), eta 500 enpresa onenek osatzen dute. Horietako bat gaizki baldin badoa, atera egiten dute, eta beste bat asko hazten bada, 500en taldera sartzen da, hau da, ez dute zertan enpresa berberak izan behar, baina bai 500 onenak. Bestea Mundua da (MSCI World), mundu osoko 1.650 enpresa onenek osatua.

— Munduko enpresarik onenen jabe izan zaitezke? Orduan, zergatik esaten dute loteria bezalakoa dela? - galdetu zuen Amaiak harrituta.

— Hain zuzen ere, oso diru gutxirekin izan zaitezke enpresa horien guztien jabe. Loteriaren kontu hori ezagutza faltagatik dator. Bizitzan beste gauza askok bezala, igoerak eta jaitsierak dituzte, gasolinaren prezioa adibide bat da, baina, luzera begira, joera goranzkoa da.

Gertatzen dena da jaitsiera batekin topo egin eta, konfiantza falta dela eta, zure zatia saltzen baduzu, dirua galduko duzula.

Gainera, zuen alde Interes Konposatua duzue. Albert Einsteinek, XX. mendeko zientzialaririk garrantzitsuenak, esan zuen interes konposatua munduko zortzigarren miraria dela.

— Eta zer da interes konposatua? Jakin-minez galdetu zuen Haitzek.

— Ea nola azaltzen dudan. Aldi berean erraza eta konplexua da. Adibide gisa, amaren gurasoak erabiliko ditugu. Aitona eta Amona bi pertsona baino ez ziren elkar ezagutu zutenean, ezta? Zenbat ume izan zituzten gero?

— Guztira lau: Ama, eta Markel, Nora eta Miren osaba-izebak. -erantzun zuen Haitzek.

— Orain pentsa ezazue zuen osaba-izebek ere bina seme-alaba dituztela, amak bezala. Eta orain pentsatuko dugu zuek eta zuen lehengusuek ere bina seme-alaba dituzuela. Zenbat lagun elkartuko zarete familia-bazkarian?

— 30? — galdetu zuen zalantzaz Amaiak.

— Horixe bera. Baina lehenago edo beranduago hasi izan bazinete inbertitzen, hau da, zuen aitona-amonek haur bat gutxiago edo bat gehiago izan balute?

— Ea, osaba bat gehiago izango banu, 37 izango ginateke, eta osaba bat gutxiago izango banu, 23 izango ginateke.- esan zuen poliki Amaiak.

— Hori da interes konposatua. Zuen aitona-amonek seme edo alaba bat gehiago badute, urteen poderioz 7 pertsona izango dira, beraiek ere familia osatzen baitute. Egia esan, horrelakoetan, inbertitzen duzun kopurua baino, garrantzitsuagoa izan daiteke denbora. Warren Buffettek esan zuen bezala, *"inbertsioetan arrakasta izateko denbora, pazientzia eta diziplina behar dira"*. Zuen aitona-amonek, bi horiek, 30 laguneko familia osatu dute denboraren poderioz. Hori da inbertsioekin gertatzen dena, nahiz eta gutxirekin hasi. Denbora izanez gero, emaitza harrigarria izan daiteke; izan ere, zure lehen inbertsioen interesek eta dibidenduek ere interesak eta dibidenduak sortuko dituzte, eta, denborarekin, azken horiek ere dirua jarriko dute zure poltsikoan.

Ulertu behar duzuena da, koltxoia ondo bete ondoren, gaur inbertitzen duzuen dirua zuentzat lanean egongo dela, zuek parkean lagunekin jolastu bitartean. Ez zaituzte aberastuko, baina seme bat izango du, eta denborarekin horrek ere seme-alabak izango ditu. Eta urte batzuk beranduago hasten bazarete inbertitzen, gaur baino diru gehiago inbertitu beharko duzue emaitza bera lortzeko.

— Eneko, aspaldi utzi genuen munstroa atzean, eta etengabe ari gara aurrera egiten, baina nora goaz? -galdetu zuen Haitzek.

— Egia da, noraezean gabiltza hizketan ari garen bitartean, Amaia, zuk duzu mapa, ezta?

— Bai, hemen daukat.-patrikatik ateratzen ari zela esan zuen.

— Ea bada. Hondartzan egon gara. Nondik markatzen du bidezidorrak?

— Bada, hondartzaren ondoren, erabakien basoa markatzen du, eta ondoren gastuaren kobazulora iritsiko gara, kredituaren zubia zeharkatuko dugu eta altxorrera iritsiko gara.

— Primeran, orduan, orain basoan bagaude, kobazulo bat bilatu beharra dago.

— Uste dut hor, eskuinaldean, kobazulo baten itxurako zerbait dagoela. -esan zuen Haitzek norabide horretan zihoala.

— Miatu egingo dugu, orduan- esan zuen Enekok poltsikotik linterna bat atera bitartean.

5. GASTUAREN LEIZEA.

Koban sartzen ari zirela, Amaia galdezka ari zen.

— Orduan, Eneko, garrantzitsuena, zera da, inbertitzea eta interes konposatuak zure partez lan egitea, ezta?

— Bada, egia esan, ez. Beti funtsezkoena da irabazten duzuna baino gutxiago gastatzea. Logikoa eta erraza dirudi, baina, egia esan, hori zailena.

Zure lana bezalako diru-iturri bat duzunean, ziurtzat jotzen duzu ez dela faltako, eta diru-sarrerak izaten jarraituko duzula; beraz, ohikoa da dena gastatzea eta ezer ez aurreztea, eta hurrengo hilabeteetan gauza bera egitea. Nahiz eta gehiago irabazi, gauza bera aurrezten jarraituko duzu, hau da, ezer gutxi. Horrek soldataren mende utziko zaitu. Aitzitik, hilaren amaieran soberan duzuna aurreztu beharrean, soldata jaso bezain pronto zeure buruari ordaintzen baldin badiozu zati bat, alegia zati bat aurrezten baldin baduzu, eta, zati hori kenduta, gainontzekoa erabiltzen baduzu gastatzeko, hilero aurreztea ziurtatzen ari zara.

Kontuan izan behar duzuna da sartzen duzun guztia gastatzen baduzu zure ahalmenaren gainetik ari zarela bizitzen. Eta besteek horrela egingo dute agian, baina horrek ez du esan nahi zuk gauza bera egin behar duzunik. Tentuz eta arduraz jokatu, eta ez zaitez besteen iritzien mende egon. Oso erraza da arrastaka ibiltzea, eta horixe da akatsik handiena eta aldi berean ohikoena.

— Baina nire lagunek nik baino litxarreria gehiago erosten dute, eta inbidia handia pasatzen dut. - esan zuen Haitzek goibel.

— Arazoa ez da zuk baino txutxe gehiago edo gutxiago jaten dutela. Zure arazoa da horrek zuri min egiten dizula. Egin behar duzuna da daukazuna eskertu eta ez duzunaz damutzeari utzi. Zure lagunek zuk baino gehiago badute, poztu haiengatik, zergatik ez, eta eskertu zuk beste askok baino bizitza hobea duzula. Zaila da horrela pentsatzea, baina hori lortzen baduzu, pisu handia kenduko duzu gainetik, eta zoriona hurbilago izango duzu.

— Baina aurreztuz gero, gerta daiteke behar ditudan litxarreriak eta zapatilak ezin erostea. - esan zuen Amaiak haserre.

— Horixe da tranparik handiena. Beharra eta desioa ez dira gauza bera. Zuk ez duzu litxarreriarik edo zapatilarik behar. Zuk jan, edan eta lo egin behar duzu, esaterako. Baina ez duzu zertan gauza berezi bat jan, ez duzu gela politagoa eta handiagoa behar, edo, uraren ordez, ez duzu freskagarri bat edan beharrik. Horiek desioak dira. Ondo dago gutiziak eta kapritxoak izatea, baina jakin behar duzu ez direla beharrak eta desioen gastuak kontrolatu behar dituzula. Eta ez utzi desioak gure zorionaren gainetik pasatzen.

Epikurok, duela 2.300 urteko greziar filosofoak, esan zuen ez dela aberatsagoa gehien duena, gutxien nahi duena baizik. Gutxien desiratzen duena daukanarekin zoriontsua izango da, eta ez da triste egongo bestelakorik ez duelako. Baina munduko pertsonarik aberatsena izan zaitezke, baina agian ez zara zoriontsua izango, beti beste zerbait nahi baldin baduzu. Desirak zure zoriona zapuztu dezake.

Eros ditzakezun gauza horiek ez dizute zoriontasuna emango; duzuna baloratzen baduzu, ordea, zoriontsuagoa izango zara.

Enpresak, beren burua iragartzean, saiatzen dira eurek sortzen dituzten produktuak eros ditzazun. Euren helburua betetzen badute, eta lortzen badute zuk sinestea produktu horiek behar dituzula, askoz gehiago salduko dute, eta zuk dirua xahutu. Kapritxoak direla onartzen baduzu, berriz, dirua aurreztuko duzu. Horretarako zure lehentasunak garbi izan behar dituzu, eta hurrengo hauek izan beharko lirateke:

1. — Bizitzeko beharrezkoa dena.
2. — Aurreztea: bizitzan lasaitasuna emango dizu.
3. — Desioak: bizitzaz gozatu beharra dago.

Ez eman bizkarra desioei eta borrokatu haiek lortzeko, baina jakin behar duzu hirugarren postuan egon behar dutela zure diru-kontuetan.
Amaiak Enekori adi-adi entzuten zion bitartean.
— Kontuz!-egin zuen oihu Haitzek.
Hirurak gelditu egin ziren, aurrean amildegi bat baitzegoen, eta bertatik, oso behetik, ibai baten ur-hotsa entzuten zuten.
— Eta zer egingo dugu orain? -galdetu zuen Haitzek.
— Itxaron, mapan begiratuko dut. -esan zuen

Amaiak zabaltzen zuen bitartean. -Maparen arabera, nonbait, zubi bat egon behar da; hemen Zorraren zubia du izena.

6. ZORRAREN ZUBIA

Begi-bistan ez zen inolako zubirik antzematen, eta amildegiaren eskuinaldetik jarraitzea erabaki zuten. Zorionez, koska bat pasa ondoren, atzealdean, zubia ikusi zuten, eta harantz abiatu ziren.

Honela galdetu zuen Enekok zubira iristean:

— Ba al dakizue zer esan nahi duen zubi batek finantza-hezkuntzan?

— Bada, ez du zentzurik! -esan zuten umeek harrituta.

— Asmakizun onenetakoa da eta, era berean, arriskutsuenetakoa. Kreditua du izena, eta, horri esker, diru askorik ez baduzu ere, dezente balio duen zerbait eros dezakezu. Bestela, luze itxaron beharko zenuke. Eta hori asmakizun bikaina da. Dirua uzten badizute, etxe bat eros dezakezu gaur, eta krediturik gabe, ordea, urte askoan aurreztu beharko zenuke.

Horren truke, pixka bat gehiago ordaintzeko eskatuko dizute, eta horri interesa esaten zaio. Jakina! Inork bere dirua zuei uzten badizue, urteak beharko ditu dirua berreskuratzeko, ezta? Zuek, horren ordainetan, uzten dizuetena baino gehiago ordainduko duzue. Zuek, gaur, etxe bat izango duzue, eta dirua maileguan uzten dizuen horrek lortuko du bere diruak kumeak izatea, Erabakien Basoan azaldu nuen bezala.

— Baina, Eneko, asmakizun arriskutsuenetako bat dela esan duzu. Eta nik ez diot ezer txarrik ikusten - esan zuen Amaiak.

— Kreditua ona da beharrezko gauzak erosteko erabiltzen baduzu. Arriskutsua da desioetarako erabiltzen badugu, gauza horiek premiazkotzat jotzen baldin baditugu. Heldua zarenean, autoa behar duzu mugitzeko, baina ez duzu auzokidearena baino hobea izan behar. Udan oporrak ere beharrezkoak dira, baina ez da beharrezkoa Disneylandera joateko kreditua eskatzea. Horretarako aurreztu baduzu, ondo, baina bestela ez dago zertan. Telebista berria behar duzu. Ados. Baina ez duzu kreditu bat eskatu behar zure lagunarena baino handiagoa erosteko. Kreditu horiek lortzeko, gainera, askoz interes handiagoa eskatuko dizute, etxe bat erosteko maileguarekin alderatuta, adibidez. Zenbat eta beharrezkoagoa izan, orduan eta gutxiago eskatuko dizu bankuak; zenbat eta gehiago nahi, berriz, orduan eta gehiago. Kredituak eskatzea saihestu behar duzu. Azken finean, kreditu horiek sortzen duten interesa pisutsuagoa izango da dirua ondo inbertituta lortuko duzun etekina baino.

— Orduan, etxea erosteko kreditua baino ez

dugu eskatu behar.- baieztatu zuen Haitzek, ondo ulertu izan balu bezala.

— Hori ere ez. Kredituaren erabilerarik onena da poltsikoan dirua jarriko dizun zerbait erostea. Eman dezagun nekazari batek kreditua eskatu duela traktore bat erosteko. Horri esker, askoz lur gehiago lantzea lortuko du eta askoz barazki gehiago salduko ditu. Egia esan, traktoreari esker irabaziko duen dirua interesetan ordainduko duena baino dezente gehiago da. Edo fruta-arbolak erosteko eskatu du kreditua, eta arbola horiek urteetan eta urteetan fruta emango diote etengabe. Kreditua oso asmakizun ona da, bestela luze itxaron beharko zenuke gauzak eskuratzeko, aukera izan arte.

Arriskutsua da zentzurik gabeko gauzetarako erabiltzea. Gastuaren kobazuloan azaldu nuen moduan, beti baloratu beharko duzu ea beharrezkoa ala kapritxo hutsa den. Gainera, lasaitasun-koltxoia baduzu, adibidez, nahi duzun telebista erosi ahal izango duzu, gaur zurea hondatu baldin bazaizu, eta, gainera, kredituak sortzen dituen interesak ordaindu gabe. Gero, koltxoia lasaitasunez beteko duzu berriro, eta beste telebista bat erostea lortuko duzu, arazorik gabe eta gehiegi ordaindu gabe, aurreztu egin duzulako. Arazoa izan zitekeen, baina, aurrezkiari esker, ez da horrela gertatu. Lasaitasun hori ez dizu emango azken gutizia erosteak.

7. AURKIKUNTZA HANDIA

Ez zen oso bide erosoa. Landaretzak hartuta, argi zegoen inor gutxik erabiltzen zuela. Handik igarotzea izugarri nekeza bazen ere, etsi gabe, aurrera jarraitu zuten umeek. Eta gero eta itxiagoa zen ditxosozko bidea. Malda gogor bat topatu zuten gainera. Haitz nekatuta zegoen, baina Amaiak aurrera egitera animatzen zuen. Eneko isilik geratu zen. Harro zegoen, ordea, argi ikusi baitzuen haurrek ez zutela erraz amore ematen, eta ibilbidea bukatu nahi zutela.

— Begira hor goian, Haitz, muinoaren goialdean zerbait dago- esan zuen Amaiak, landaretza garbitu bitartean.
— Baina oso goian dago, eta izugarri nekatuta nago, Amaia!- kexu zen Haitz.
— Badakit, Haitz, ni ere bai, baina merezi du, altxorra gertu dago eta. Eutsi! Pixka bat gehiago. - animatu zuen Amaiak.

Amaiak ikusten zuenak eraikin baten antza zuen, baina ia ezinezkoa zen haraino iristea. Aldapa itzela zen, eta poliki egiten zuten aurrera. Benetan nekeza zen. Behin baino gehiagotan izan zuten atzera egiteko gogoa. Eskuinetara, behean ikusten zuten hondartza eder hartan, itsasoko olatu txikiek kostaldea laztantzen zuten etengabe. Haizeak ere palmondoen adarrak kulunkatzen zituen. Bidea utzi, eta bertara hurbiltzeko gogo bizia izan zuten umeek.

Haurrek, hondartzari begira, euren kolkorako pentsatu zuten:

— Aurrera jarraituko dugu eta tentazioei tinko eutsi; izango dugu denbora gero hondartzara jolastera jaisteko.

Inork ez zuen ahoz gora esan, baina biek gauza bera pentsatu zuten. Bidearen zati handi bat eginda, hondartzara jaitsiz gero, ondo asko zekiten umeek hamaika bider damutuko zitzaiela.

Azkenean, eta asko kostata, helburua lortu eta eraikin txiki baten atean agertu ziren. Oso zaharra zirudien arren, egoera ezin hobean zegoen. Egia esan, ez zen bereziki polita, eta ezerk ez zuen agerian uzten Txanponaren Uharteko Altxorra bertan ezkutatzen zenik. Atea kontuz bultzatu zuten, aurkikuntzarekin urduri, eta lehenengo urratsak eman zituzten eraikinaren barrualdera. Bertan aurkitutakoak aho zabalik utzi zituen umeak. Ez zen inolaz ere espero zutena. Guztiz harriturik, Enekori begiratu zioten biek, eta ingurura begiratu zuten berriro. Eraikinaren lau hormetan apalak zeuden, behetik gora liburuz gainezka, eta mahai handi bat zegoen aretoaren erdian.

— Ze, bikote, harrituta? - galdetu zuen Enekok.
Amaia astiro jiratu zen Enekorengana, eta oso serio esan zion.
— Bada, nik, egia esan, ez. Uhartean zehar gindoazela, konturatu naiz ez neukala inolako ideiarik finantza heziketaz, eta orain badakit oso garrantzitsua dela horri buruz ikastea. Ikusten dut arazoa ez dela dirua, ezjakintasuna eta informazio falta, ordea, bai.
— Horixe, Amaia. -Erantzun zion Enekok, apalen oinarrian kartel batzuk seinalatu ahala.

"Ezagutzan inbertitzen baduzu, horrek emango dizu interesik onena"
Benjamin Franklin

"Beharrezkoa baino ez ezazu erosi; alferrikakoa, zentimo bakar bat balio badu ere, garestia da."
Seneka

"Finantza kontuetan arrakasta izateko ez da ezinbestekoa aditua izatea. Nahikoa da oinarrizko arau gutxi batzuk ikastea, eta horiei tinko eustea"
Warren Buffett

Seneka duela 2.000 urte bizi izan zen, Benjamin Franklin duela 300 urte, eta Warren Buffett gaur egun bizirik dago. Buffet (inbertitzailea) zein Seneka (politikaria, filosofoa, idazlea eta inbertitzailea) bakoitza bere garaiko pertsona aberatsenetakoa izan da. 2.000 urte pasa dira tartean, eta, hala ere, guztiek alferrikako gastuak baztertzeko ideia zabaldu dute. Jakinarazi digute, baita ere, arrakastarako bidea heziketan, pazientzian eta etengabe jardutean dagoela.

Ipuin klasiko hartan ikasi genuen bezala, txintxarrak kantatu eta eguzkitan dantzan egiten duen bitartean, ez da inurriarentzat batere xamurra elikagaiak garraiatu eta kobazuloan gordetzea. Inurriak ere pentsatuko zuen bere artean: "tira, gaur ez dut gehiago bilduko eta txintxarrarekin joango naiz jolastera". Pazientzia izan zuen, ordea, etengabe egin zuen lan, eta, negu gorria iritsi zenean, pilatutako janariak negu osoa eroso igarotzeko aukera eman zion, inolako kezkarik gabe eta urdaila ondo beteta. Amore eman eta txintxarrarekin joan izan balitz, ez zuen lortuko negurako behar adina janari biltzea.

Hori da finantza-hezkuntza; haien oinarriak ikastea, pazientziaz eta etengabe aplikatzeko, txintxarrari eta bere gitarrari erreparatu gabe.

Enekok esaldia amaitzen zuen bitartean, haurrak hasi ziren ikusten, eskuak aurrena eta gorputz osoa gero, desagertzen ari zirela; hala ere, oraingoan ez zuten inolako ikararik sentitu.

Aitonaren liburutegian esnatu ziren. Beste modu batera begiratu zieten orain liburuei. Apalategian pilatutako kutxak baino, etorkizunean aprobetxatzeko moduko jakintza-iturriak ziren orain liburuak umeentzat. Bukatu berria zen abentura horretan ikusitako libururen bat ere aurkitu zuten aitonaren gela hartan.

Horrenbeste urteren ondoren, Seneka, Kiyosaki eta abarren esaldiak aipatzen zituzten kartelei erreparatu zieten orain, zeharo harrituta. Urte luzez aritu ziren jolasean liburutegi horretan bertan, eta, egia esan, antz handia zuen Txanponaren Uhartean bisitatu zutenarekin. Aitona Josuk ere abentura bera bizi izan zuela ematen zuen, eta horren ondoren, agian, ikasteko interesa piztu zitzaiola; eta ez bakarrik finantza-hezkuntza ikasteko, baizik eta ahal izan zuen guztiaren inguruan. Liburutegi hartako mahaiaren ertzean irakur zitekeen:

"Ez utzi inoiz ikasteari".
Benjamin Fraklin

Liburua gustatu bazaizu, laguntza handia izango litzateke puntuatuko bazenu eta Amazonen zure iritzia emango bazenu. Gainera, norbaiti lagun diezaiokezu zure ekarpenarekin.

 @gorka.r.salazar

BISITATU GURE DENDA

LETRA ZOPAK (6-10 URTE):

LETRA ZOPAK (8-13 URTE):

LABIRINTOAK:

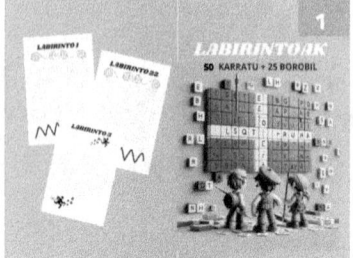

SUDOKU:

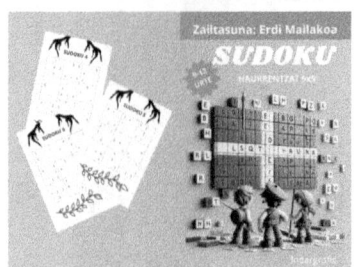

KOLOREZTATZEKO:

LETRA ZOPAK:

SUDOKU:

KAKURO:

URKATUA:

DENBORAPASAK
INDARGRAFIC:

@indargrafic

SUDOKU:

NURIKABE:

www.ingramcontent.com/pod-product-compliance
Lightning Source LLC
Chambersburg PA
CBHW070407230526
45471CB00006B/2696